Animales de América

Ahí viene el lobo gris

Emma Romeu

AHÍ VIENE EL LOBO GRIS

© Texto: 2002, Emma Romeu
© Ilustraciones: 2003, Fabricio Vanden Broek
© Portada: 2002, Luis Gerardo Sánchez Vigil

© De esta edición:
2006, Santillana USA Publishing Company, Inc.
2105 NW 86th Avenue
Miami, FL 33122
www.santillanausa.com

Altea es un sello original del *Grupo Santillana.* Éstas son sus sedes:

ARGENTINA, BOLIVIA, CHILE, COLOMBIA, COSTA RICA,
ECUADOR, EL SALVADOR, ESPAÑA, ESTADOS UNIDOS,
GUATEMALA, MÉXICO, PANAMÁ, PERÚ, PUERTO RICO,
REPÚBLICA DOMINICANA, URUGUAY Y VENEZUELA.

ISBN 10: 970-29-0512-5
ISBN 13: 978-970-29-0512-7

Published in the United States of America

Impreso en Colombia por D'vinni

10 09 08 07 06   1 2 3 4 5 6 7 8 9 10

Agradezco a la M.V.Z. Xóchitl Ramos, cuyas palabras me ayudaron a comprender mejor a estos maravillosos animales.

Lobo gris:
Canis lupus baileyi

Uno, dos, tres, cuatro dedos y la planta de la pata. Son las huellas de un hermoso lobo gris.

El lobo gris vive en países de Norteamérica, Europa y Asia. A pesar de su nombre, su hermoso pelaje a veces no es gris, sino blanco o negro, pardo o amarillento.

Los lobos son los más grandes de los animales llamados cánidos, y también son los más fuertes. Ni el perro, ni el zorro, ni el coyote pueden competir con su mordida.

A los lobos les gusta vivir en grupos o manadas. Las manadas pequeñas tienen tres o cuatro lobos, y las de mayor tamaño reúnen hasta veinte.

En una manada siempre hay un lobo jefe y una loba madre que son pareja. Ellos son los únicos que tienen hijos en su grupo. Cuando los demás quieren tener hijos deben irse a otro sitio en busca de una pareja para hacer su propia manada.

Las lobas tienen a sus hijos en cuevas que ellas mismas hacen escarbando en la tierra. Hacen esas madrigueras en montículos del terreno para que no se inunden cuando llueve. La entrada debe quedar tapada por hierbas y matorrales para resguardar a las crías de los peligros del bosque.

Puede ser que alguien pase cerca de la guarida de unos lobos y no se dé cuenta de que adentro duermen cuatro cachorros. Pero la loba y su pareja sí saben quién se acerca. Y siempre están dispuestos a defender a sus hijos de las temibles águilas

que tienen tan buena vista y vigilan desde las alturas: un lobito tierno puede ser un buen alimento.

A las águilas no se les escapa que hay mucho movimiento en el montículo y descubren la madriguera. La madre loba sólo sale a ratos para beber en el río, y el padre lobo siempre está atento y entra a veces con trozos de carne para la loba que amamanta a los hijos.

Los lobos tienen hijos una vez al año. Cuando los lobitos son muy pequeños su color es oscuro y casi no se les distingue en la negra madriguera.

Nacen ciegos y sordos, con la cabeza redonda y la nariz chata. Pero a los pocos días abren los ojos.

Primero se alimentan de la leche de la madre. Luego crecen y la mamá les da la comida ya masticada y casi digerida. ¿Cómo lo hace? Ella se traga primero la comida y al rato la devuelve en la boca de sus hijos.

A los dos meses los jóvenes lobos cambian de dientes y sus padres les enseñan a cazar. Antes de cumplir su primer año de vida ya son expertos. Ahora son fuertes lobos de buena talla.

Si un lobo le quita un pedazo de carne a otro mientras comen, o quiere echarse a descansar en el lugar en que alguien de la manada duerme la siesta, puede haber un terrible encuentro. Los dos contrincantes se muestran los dientes y tratan de derribarse con las patas.

Si alguno se atreve a querer ocupar el lugar del jefe, entonces la pelea es mayor. Ponen el cuerpo en tensión, erizan el pelo del lomo y de la cola, gruñen y gesticulan con fiereza. Si el atrevido no baja los ojos, o gime y deja caer la cola para demostrar sumisión, con seguridad la pelea durará. Tal vez los dos recibirán más de una dolorosa mordida. Por eso hay lobos con las orejas y la cola rotas, lo que ciertamente les resta elegancia.

En la manada no faltan los momentos en que todo está en paz. Entonces les encanta jugar. Y se olfatean, se frotan, y se muerden las orejas; y quizás hasta se den empujoncitos para demostrarse afecto.

El olfato les indica dónde encontrar alimento. Descubren a un animal a más de un kilómetro y medio (más de 1 milla) de distancia y empiezan a perseguirlo. Cuando van a atacar a sus presas se ponen en posición de combate, arañan la tierra, gruñen y se lanzan en grupo sobre su objetivo. Lo mismo saben cazar un conejo o un ratón de campo que un jabalí o un venado.

Los lobos son magníficos cazadores. Si son muchos en la manada no se les escapa ni un inmenso bisonte. A veces los bisontes se apretujan en hilera para proteger a las crías y que los lobos no las alcancen.

Si llega a escasear la caza, entonces los lobos se comen las semillas o los frutos de algunas plantas. Así es la vida en la naturaleza: cada uno busca y come lo que necesita y lo que encuentra.

En ocasiones tienen disputas con los pumas o con los osos y otros grandotes del bosque. Pero los lobos no son quienes buscan la pelea, sino que reaccionan cuando alguien se mete en su territorio y los molesta, ya que ellos escogen un sitio para vivir y lo marcan con el olor de sus orines y de su excremento. Nadie puede tratar de echarlos de aquel paraje.

Lanzan aullidos que se escuchan a muchos kilómetros de distancia. Se cuenta que con sus aullidos llaman a los animales de su manada para cazar o para anunciar algún peligro. También les sirven para encontrar pareja. A veces, con sus aullidos, ahuyentan a los intrusos que llegan a su territorio.

Hace muchos años empezó a faltar la comida y el agua en los bosques y praderas donde vivían los lobos. Los hombres cortaban los árboles para usar su madera, y en el terreno vacío hacían sus cultivos o traían a pastar al ganado. Los bosques se volvieron ranchos. Los escombros taparon las viejas madrigueras que les servían de refugio a los animales silvestres.

Los lobos deambulaban sin encontrar qué comer. Entonces se acercaron a aquellos ranchos para cazar al ganado y alimentarse. Los ganaderos se ponían furiosos porque perdían sus terneros, ovejas y gallinas. Y un día tomaron sus escopetas y salieron a cazar lobos.

Los lobos le temen al hombre, por eso cuando lo olfatean se alejan. Los ganaderos estaban muy molestos porque no los alcanzaban. Así que idearon trampas para atraparlos, pero los lobos aprendieron a reconocerlas y a burlarlas. Los hombres se desesperaban y usaban otras trampas y artimañas. Hasta que encontraron un veneno muy fuerte que mataba a los lobos.

Esa vez los lobos cayeron uno a uno en las regiones donde se usó el veneno. En la pradera y en el bosque, y en los lugares donde antes se oía en las noches los aullidos, se hizo silencio.
Y pasaron años en ese silencio de aullidos.

¿Y qué pasó después? Muchas buenas personas se preocuparon porque los lobos no se extinguieran y empezaron a trabajar para salvarlos. Un animal tan hermoso no debe vivir sólo en los libros de cuentos.

Un cuento:
El regreso de los lobos

Hace años, cuando desaparecieron los lobos silvestres en una comarca, los ratones de campo se dieron un gran banquete en los cultivos. Se comían las frutas y las hortalizas sin que nadie los molestara. Estaban gordos y contentos en la abundancia de comida, mientras los campesinos perdían sus cosechas.

Los campesinos pensaron: "Si hubiera lobos, se comerían a los ratones", "si hubiera lobos, las noches no serían tan largas".

Porque en las noches sonaban las voces de las aves nocturnas, y el chirriar de los grillos y el croar de las ranas, pero faltaban los aullidos de los lobos.

Y los hombres empezaron a extrañar a los lobos.

Un atardecer se oyeron aullidos. "Son perros", dijeron todos. Pero los aullidos se escucharon de nuevo.

No eran perros, sino unos lobos que habían sobrevivido en un bosque lejano. Eran de una manada muy pequeña y se instalaron en una solitaria región arbolada de la pradera.

Los hombres se rascaron la cabeza. "Se comerán los ratones", dijeron algunos contentos. "¿Y si vuelven a cazar nuestro ganado?", se preocuparon los otros.

Llamaron a unos científicos para que los aconsejaran. La primera en llegar fue la veterinaria del zoológico que conocía muy bien a los lobos. Pronto se presentaron los biólogos y los agrónomos, llegó un periodista y hasta se enteró un político. En la comarca todos hablaban del regreso de los lobos.

"HAY QUE PROTEGER A LOS LOBOS", dijo entonces la ley.

En aquella pradera y en el bosque ya nadie cazó pájaros, ni cortó árboles, ni incendió el pasto. Las aves empezaron a anidar y los animales silvestres regresaron. Los lobos ya tenían alimento y no iban en busca del ganado.

Los ratones de campo no estuvieron tan felices. Pero la Luna sí estuvo contenta, porque dicen que a la Luna le gusta escuchar los aullidos de los lobos.